NESSES DIAS IMPOSSÍVEIS

Nesses dias impossíveis

Paula Autran

Copyright © 2022 Paula Autran
Nesses dias impossíveis © Editora Reformatório

Editor
Marcelo Nocelli

Revisão
Natália Souza
Marcelo Nocelli

Imagem de capa
Mauro Restiffe, *Obra 4*, 2012

Design e editoração eletrônica
Negrito Produção Editorial

Dados Internacionais de Catalogação na Publicação (CIP)
Bibliotecária Juliana Farias Motta (CRB 7/5880)

Autran, Paula, 1974-
      Nesses dias impossíveis / Paula Autran. – São Paulo:
Reformatório, 2022.
      144 p.: 14 x 21 cm

      ISBN 978-65-88091-48-7

      1. Poesia brasileira. I. Titulo.

A941n   CDD B869.1

Índice para catálogo sistemático:
1. Poesia brasileira

Todos os direitos desta edição reservados à:

Editora Reformatório
www.reformatorio.com.br

Para Rodrigo, por ter tornado possível...

*O que se repete é a demanda, dito de outra maneira,
a palavra, já que em toda palavra há uma demanda,
uma demanda que não se sabe, uma demanda de não
sei o que, uma demanda simplesmente, intransitiva,
que gira em torno de um vazio que é o vazio do desejo.*

MICHEL BOUSSEYROUX

Meu bem e as palavras sem tempo

ESTE livro... Nem sei se deveria ou seria adequado chamá-lo assim: livro.

Por enquanto, não importa a nomenclatura, não é disso que se tratam as próximas páginas, ser um livro ou não, mas, talvez, ser sobre um tempo. E de um tempo que não é este – este tempo aqui, que eu, você e seu vizinho sabemos bem – mas um outro tempo que, sutilmente, eu, você e seu vizinho nem percebemos que também conhecemos sim, e muito bem.

Não, não falo de um tempo antigo, anterior, anacrônico. Como um filme de época, que ao nos depararmos com os grandes babados e saiotes das donzelas, nos enfadonhamos com o relinchar dos cavalos vindos das carruagens elisabetanas, não!

Mas, definitivamente, digo não ser desse tempo de agora. Porém, isso é para ser dito num futuro próximo ou bem longínquo.

Isso! Achei a definição: não é um livro, é uma cápsula!

O tempo aqui, é exato, mas não é para agora, é para corações lá da frente, sem endereços definidos por enquanto, mas logo, ou ainda por muito tempo adiante, terão sim uma morada, um encontro certeiro.

A data, os segundos, as ruas, os instantes, os adereços, Facebook, whatsapp, Instagram, são preciosos como registros e precisos como determinantes de tempo. Paula Autran escreve nesse tempo, o de hoje, o agorinha mesmo. Mas o que este livro, ops, cápsula – lançada como *recuerdos de una civilización* – o que a faz desconectar da órbita lógica de tempo, são duas expressões formadas por duas palavras, que só duas pessoas que as vivem entenderiam. Sim! Pessoas, como eu, você, seu vizinho, palavras que deslizam e nos transportam para essa atemporalidade "meu bem... meu amor".

É sobre esse tempo – da palavra – que agora não existe, corre, corre, corre e se perde em detalhes que hoje, eu, você e seu vizinho não estamos atentos. Um tempo de amor em que um vai e vai e vai e se joga e vive e vive e vive todas as potencialidades de amar o outro. O tempo da atmosfera oca que pulsa dentro do carro enquanto se está sozinha em plena Dr. Arnaldo com um rádio baixinho, falando à toa, e uma lembrança de um comentário feito naquele mesmo lugar em um outro tempo, te translada a ponto de ser capaz de ouvir a voz e sentir o cheiro da boca te ensinando coisas carinhosas. Tique-taque da delicadeza de pequenos fragmentos da observação de um olhar, um gesto, ou a falta desse olhar e a ausência de uma infinidade de possíveis gestos. Os pequenos silêncios que se rompem pela voz soprada "meu bem" e a ponte que este sussurro constrói entre esses silêncios mútuos.

Meu bem... Meu amor... digo isso, para você e seu vizinho, pois este talvez seja o tempo que merecemos. Essa cápsula, é de um tempo que amar não é um alerta de fuga. Uma repulsa. Mas um alerta de que, meu bem, seja o sinal possível, mesmo na insistência das nossas inúmeras desculpas para causar o desencontro de quem queremos, na verdade, ouvir da boca "meu amor".

Meu amor, digo isso para mim, para você e seu vizinho, estas próximas páginas são para um futuro de uma lógica e sofisticação amorosa, que é para ontem, para hoje e para amanhã. Essa cápsula, atemporal, meu bem, que serve para mim, para você e seu vizinho, é para nos atingir na esquina, no perfume do cinema, na fila do banco, no dia do atraso do boleto. A atemporalidade dessa poesia, não te serve, meu bem, para o momento certo. É para quando, o amor, em ti, em mim, em teu vizinho, for inconveniente e não tenhamos tempo de justificar a fuga.

Desejo-te, não só a ti, mas a mim e ao seu vizinho, sermos atingidos desprevenidos por essa cápsula, para que as palavras "meu bem" e "meu amor", nos resgate o tempo desperdiçado que normalmente esquivamos da maravilha que é nos perder, sem futuro, sem amanhã, sem data marcada, de um amor, deliciosamente, inconsequente.

DANILO P. MARQUES
Escritor

I

Nesses poucos dias
aprendi a rezar,
conheci santos
e acendi velas
para eles.

Sonhei em dar longas caminhadas
em submergir por muitos minutos,
em desarmar bombas relógio com
grampos de cabelos.

Nesses poucos dias
percebi de quantas horas
são feitas as madrugadas e
como o amanhecer tem uma
luz linda mesmo aqui.

Nesses poucos dias morri duas
vezes, ressuscitei vinte e cinco,
fiz promessas, engordei dois quilos,
chorei quatro oceanos e
queimei oito pontes.

Nesses poucos dias
aprendi que há um
número que precede
o infinito,

e que cada hoje
que começa
é o dia
que vem
depois
de tudo.

Eu não caibo nas frestas,
nos vãos,
nos buracos,
no depois,
no não dá,
no quando for possível,
no que é razoável,
no não,
no quase,
no que me cabe.

Não caibo no esconderijo,
no tugúrio,
no que não se mostra à luz do dia,
nem sob as estrelas.

Não caibo no que não vibra,
no que não arde,
no que não grita,
no que não urge.

Eu não sou frágil,
mas sou para consumo
imediato, no local do agora
mesmo.

E então você
escreve: te quero.

E penso em te perguntar:
você sabe o que está
querendo?

Por aqui são
pontes queimadas,
quilômetros por
rotas erradas,
equívocos e
épicas rendições.

Mas não digo nada:
sorrio, me olho
no espelho, passo batom,
visto um vestido novo
e vou te encontrar.

E no momento
em que nossos corpos
se encontram
você não faz a menor ideia
de que abraça
toda a tempestade...

Nós:
um filme,
uma peça,
uma garrafa
e meia
de vinho.

Um risoto de funghi
que não deu certo.
Uma mousse não feita.

Uma noite,
duas madrugadas,
uma manhã iluminada...

E um mergulho no vazio.

Desde então,
telas,
músicas,
livros pelo correio,
letras suas
pelo e-mail.

E para além de tudo

que não temos,
fica o que não cabe,

e caminha, enquanto
estamos parados,
se tece sozinho,
e é inominável;

um fio de Penélope,
uma caixa de Pandora,
uma nova mitologia
que se faz por si,

para além
de nós,
um estranhamento
que nos enlaça
e nos afasta
a um só tempo...

Te conhecer um ato antes
de uma pandemia jamais vista
no mundo moderno,

ir me acostumando
com tua voz mansa
entre a contagem de corpos,
entre a iminência do caos,

imaginar teus dias,
tocar tuas noites
à distância.

Descortinar tua história
entre restos do que
se pode dizer apenas
por mensagens.

E deitar caudalosamente
no colo infinito da imaginação,
essa força que não me larga,

e não me deixa
esquecer de tudo
que poderá ser,

quando o mundo
voltar tão desconhecido
quanto familiar,

como eu e você,
e nosso encontro
marcado para o dia
depois que o mundo
não acabar.

Não tenho tido
inspiração
para poesia:
sem amor
sem dor,

só as horas
passando
por mim.

Nada me toca.

(Mentira).

Quando
vejo seu rosto
nos meus stories,
eu sorrio
e isso
melhora
meu dia.

E então você me diz
que o mundo desaba,
que os dias pesam
e que eu não entendo.

E a distância se aprofunda,
pois você não fala,
para não reclamar.

E eu tento, sem palavras,
te dizer para que reclame,
reclame da falta de sol,
reclame da conta dos mortos,

reclame de um país que se esvai,
reclame da nossa situação absurda,
reclame por toda a dor,
pela impotência
que cada raiar de dia
nos escancara.

Reclame da convivência
com quem não se quer,
dos nossos filhos enclausurados,
de todo o privilégio que não

podemos dividir,
da loucura que se abate
a conta gotas, sobre nós.

Porque, meu bem, é daí, da tua voz,
dos escombros de tudo isso,
que escapa um esgar de sorriso,
um brilho diferente em teu olhar,
uma cadência de fala desconhecida.

É, assim mediada por todos as telas,
pelos vidros de plástico,
pelas ruas desertas, que eu consigo
sentir tua respiração
acelerar quando me olha.

Porque é só assim
que um pouco
da tua vida se insufla
na minha e acho
um pouco de ar
para seguir os dias.

Porque, meu bem,
é no hoje que o amanhã
se engendra.
E é esse hoje que nos
compete viver, então

fiquemos vivos,

e nos amemos, porque
é do absurdo que o amor
se alimenta.

Para o valente Átila Lamarino.

Teve que vir um Átila
em rede nacional
para nos lembrar que
o amanhã não será
o mesmo que achamos
hoje que iria ser.

Teve que vir um Átila
em rede nacional
nos lembrar que o
mundo jamais será
o que achávamos
que seria.

Teve que vir um Átila
em rede nacional
para nos lembrar que a
única certeza humana
é a impermanência.

E como aquele Átila,
rei dos hunos,
nos mostrar que sim,
é verdade,
todos iremos

morrer, ainda que (olhe só...)
não saibamos
quando...

Te olhar por entre
as frestas das janelas
virtuais: seus dias,
noites, amores.

Te olhar (sem te ver)
te seguir etereamente.
Ter tua presença
fantasmagórica
a iluminar
meus passos.

E, assim,
me ver atingida
em cheio
pela louca irrealidade
dos amores
contemporâneos.

No centésimo dia
da pandemia
pego o celular,
vejo o Greg News
e choro,
vejo um vídeo de uma
criança linda cantando
Caetano e choro.

Vejo um vídeo
de vários animais
cumprimentando,
abraçando e beijando
seres humanos e choro.

Acho que as postagens
estão ficando muito
belas e tristes e saio
do celular.

Chego na sala, olho
a parede e choro.
Não posso sair da sala,
não posso remover
as paredes.

Então, sem saída,
sem desculpas,
choro, choro,
choro... .

Nada de encher a cara de
whisky e ligar de madrugada,
nada de correr atrás do avião
e gritar sua louca paixão,
nada de arrependimentos
e pedidos de desculpas.

Nada que chacoalhe
suas certezas...

Por aqui, nessa pandemia,
amores mesmo,
só os assintomáticos...

06/07/2020

Dizem que hoje
É o dia do sexo,
mal sabem
que o sexo
não mora
no dia,
ele é
do corpo.
No corpo.

Todos os corpos
feitos
de sexo
no sexo
pelo sexo...

Dele viemos,
para ele voltamos,
sempre.

Mas o sexo
nesses tempos
de medo
(dos corpos,
dos dias...)

na real,
não é dia,
nem corpo,

é mesmo
uma grande,
profunda
saudade...

E tem a lua,
a rua.

A mesa do bar,
de bilhar.

Tem a piscina,
a esquina.

Todo aquele
saquê
e tem
você...

Tudo o que
posso rimar,
mas não
consigo
pegar
nesses dias
impossíveis...

Queria te contar que
a partir de agora, tudo
o que eu escrever: poesia, peças,
bulas de remédio,
listas de supermercado,
rotas de fuga,
tudo...

vai ter um pouquinho de você...
talvez teu jeito torto
de olhar para a vida,
ou um pouco dos teus
olhos de fogo quando
me miram de cima de mim,

tua fala mansa,
teu corpo grande,
tua cabeça cheia de palavras,
ou simplesmente esse silêncio
que conquistamos aos poucos
entre nós.

Esse maravilhamento
de me descobrir

em teus olhos,
boiando em tuas retinas,

esse reflexo de mim em você,
nesses 240 dias impossíveis,
esse pouco de ti em mim,
meu bem,
é para sempre...

hoje queria
sair para dançar,
encarar a fúria
da noite,
me perder...

então vou à geladeira
pego o wasabi
verde escuro, forte,
e encharco
minha comida,

meus olhos lacrimejam,
minha garganta fecha,
meu coração dispara,
penso que vou morrer...

não saio,
não me perco,
não morro,
mas ardo...

Sabe aquela castanha de caju,
as uvas passa pretas e brancas
e as nozes?

O pão italiano cortado em fatias finas,
o patê, o damasco seco,
a cerveja de trigo gelada
e até mesmo o gelo colocado
milimetricamente nas
forminhas de plástico?

Tudo aquilo foi um presente
para mim.

Sim, você estava lá,
mas eu queria te dizer,
meu bem,
que você também foi
um presente que eu dei
para mim mesma.

Mas o que eu queria mesmo
era te agradecer
pelo ensinamento
da noite desse sábado:

o de nunca colocar alguém
no mesmo patamar de um
Chivas Regal 12 anos.

E então me encontrei
com o horizonte,
uma vida depois...

E em meio à toda
aquela improbabilidade
pensei em você...

Sim, olhando o horizonte,
e todas as suas linhas de fuga,
pensei em você...

Porque pode ser
tudo meio torto em nós...
te conhecer em meio
ao fim do mundo,
Ir te encontrar
em Lugar Nenhum...

Mas...
é isso, mirando o horizonte,
e todas as suas linhas de fuga,
suas rotas intermináveis,
e todas as suas possibilidades
infinitas pensei em você...

Entende ?

Pensei em você depois
do fim do mundo,
em frente ao horizonte,
com o mar cor de chumbo,
cintilando seu chiaroscuro...

E essa aqui,
sim, é para você,
meu bem...

Então nos conhecemos
Um passo antes do fim do mundo.
E aí o mundo se desfez.
Ficou do lado e fora.
E nós dentro, sem podermos nos ver.

E pensei, poxa, acabou antes de começar.
E aí não acabou, nem começou,
foi indo...

Nos vimos por telas,
nos desencontramos,
brigamos,
declinei,
você declinou,
eu recuei,
você voltou, eu voltei,
te entendi,
não gostei,
você me entendeu,
não gostou.

Te olhei de novo.
Você me viu.
Fiz poesia.

Você mandou música.
Fizemos e desfizemos planos.
Deixamos os planos e o mundo para lá.

Não há clima, não há mundo para se ver.
Somos consequentes,
somos pais,
somos pacientes,
(mentira, eu não sou...).

Não sabemos como nos chamar,
não temos datas a comemorar.

Mas o que eu queria te dizer,
é que seja lá o que for
se mundo ainda houver,
eu lembrarei sempre de ti.

Assim, com seus olhos baixos,
ardentes, seu coração batendo
por meio da tela que
nos une e nos separa.

Das madrugas de se achar,
e se esconder.
Vou sempre lembrar que você passou
por esse umbral comigo.

Vou sempre lembrar,
meu bem,
que você me fez sentir viva,
quando o nosso mundo morre,
quando nosso país sangra.

É muita coisa,
é belo,
é triste.
é vivo.

E me faz pulsar em
meio ao caos.

E então a dor lancinante
na lombar
pelo excesso de peso
desses dias impossíveis.

E buscando a posição possível
para passar as horas,
me pego olhando para cima,
e como quando criança observo
as figuras geométricas
que as sombras dos
carros fazem no teto.

E percebo que esse lusco fusco
forma triângulos, vários:
lembro das sombras da escola:
isósceles, escalenos, hipotenusas...

E me concentro
naquele lugar em que a parede
torna-se teto, onde um triângulo
se alonga e me intriga.

Olho melhor, no seu ângulo inferior
ele se estica e se torna, então,

um quadrilátero, meio disforme,
mas ainda assim
um quadrilátero.

Não, a dor não arrefece,
mas não seria ela,
– nem o lusco fusco –
que me impediriam de ver
toda a intrincada beleza
de um triângulo se esticando
até tornar-se um quadrilátero
naquele lugar no qual a
parede torna-se teto...

É que você não entendeu
que falar de você era
falar de mim,
que falar de nós
era falar de mim,
que falar de mim
era falar de você.

É que você não entendeu
que a poesia quando
nasceu entre nós,
quando ela foi feita por
nossas mãos entranhadas,
por nossos corpos
emaranhados,
ela não tava nem aí para
os seus limites...

É que na real, meu bem,
acho mesmo que você
não entendeu foi nada...

Sim, te bloqueei
nas redes sociais todas:
whatsapp, facebook
e instagram.

Queria ter mais para sair
te bloqueando,
queria bloquear o mundo,
mas não posso.

Então bloqueio você
e tuas ausências.
Queria poder te
bloquear mil vezes,

todos os dias,
não, todas as horas,
minutos...

diariamente,
sísificamente,
até que a dor de tudo
passasse...

Já que não posso,
fico aqui, eu a garrafa
de vinho pela metade,

o mundo que desaba
lá fora e essa parede
virtual, espessa,
pela qual não nos
veremos mais,
nunca mais...

II

Os índios Xikrin da Amazônia
fazem um ritual para seus antepassados
no qual as anciãs batem em suas cabeças
com facões para que o sangue escorra.

Os mais jovens têm que ficar alertas
para que elas não se firam com gravidade.

Elas não ligam para a gravidade,
querem apenas que o sangue escorra
e leve o que para elas é um pensamento
– e não um sentimento- que mora na cabeça
e circula por meio de seus vasos e artérias:
a saudade.

Tem dias, meu amor,
que eu sou uma anciã Xikrin.
Sem o alívio do facão.

E então fala-se sobre amor,
como se ele tivesse alguma coisa a ver
com seus planos de rodar o mundo ao lado de alguém,
ou com a sua casa própria quitada em 100 prestações.

O amor não tem nada a ver com isso, meu bem.
O amor é aquele bicho pré-histórico achado em uma
caverna
fechada no fundo escuro do mar (no lado escuro da lua),
onde ninguém nunca conseguiu chegar.

E dizem:
"– Ah! Mas eles se amam muito,
faz uma década,
ele se dão bem na cama,
eles gestam filhos.
E se casaram sob o luar".
E o amor ri.

Porque o amor não tem nada a ver com:
"– Netflix e um cobertorzinho nesse friozinho
bom de domingo".

O amor também não tem nada a ver com
o sexo selvagem que eles fizeram ontem à noite.

O amor é parecido com aquele bicho desenhado
pelos colonizadores portugueses
quando chegaram por aqui.

Eles nunca tinham visto um tuiuiú,
e então disseram que ele se parecia
com um pato, mas a cor era outra
e as patas diferentes e o bico era estranho.
E ninguém entendeu nada.
Nem os patos, nem o tuiuiú,
nem os portugueses.

Mas o amor não é o pato, nem as árvores,
e nem mesmo o fogo.
Ele é o bicho sem nome
com todas as partes do corpo erradas.
Mas ninguém percebe.

O amor não tem nada a ver com
sinos sendo tocados ao som
De "eu te amo, meu amor e daqui
a dez anos a gente volta
e toca o sino de novo,
porque é para sempre e a gente se ama muito".

E eles acreditam, porque os anos passam,
e há projetos, e há vida sendo vivida e
há amor nos olhos deles.

Mas o amor mora naquela gruta, lembra?

E ontem eu fui lá por você, meu bem,
sim, nessa noite, insone, malvada, solitária,
eu olhei nos olhos daquele bicho da era
Mesosóica e falei:
"Eu sei que você aguenta tudo:
Os anos, os bebês, a netflix,
O sexo selvagem e todo o auto-engano.
Mas eu não. Não mais"

E o amor riu. Eu virei as costas e parti.
E eu voltei para a noite nem fria, nem
quente, nem escura, nem clara.
Para a noite onde o amor não mora.

E me senti bem.
Porque era só eu.
Porque o amor, meu bem,
hoje eu sei onde mora,
e é bem (bem) longe daqui.

No cinema um perfume
igual ao seu
invade minha poltrona,
e para sempre
as ruas de Calcutá
e de Melbourne
terão teu cheiro,

saio do cinema e ao passar pela
Doutor Arnaldo me lembro que
foi você, (com seu olhar generoso
para as grandes cidades),
que me fez ver a beleza
que há ali,
naquele traçado urbano
de árvores e flores.

E dentro do carro, sozinha, rio
ao perceber que em uma
quarta-feira de cinzas,
abafada, em pleno século XXI,
depois de tudo,
nosso amor se transforma
em perfume, árvore e
nessa poesia
aqui.

E hoje passei em frente
à sua casa,
e não bati à tua porta,
passei reto,
como se tudo o que
vivemos ali
não tivesse
existido.

Mas logo depois da curva
que a tua rua faz,
sim, meu bem,
não teve como,
olhei para trás...

E você me disse:
esse instante vai virar uma poesia
nas tuas mãos, tenho certeza.

Eu te olhei, e como tantas vezes
a teu lado, nada disse,
mas agora te digo que
não é de poesia que você não entende
(como pensa),
é da noite, do encontro,

a poesia era o instante,
a poesia era eu e você,
éramos nós ali iluminando
toda a escuridão
que naqueles breves
momentos
se transformou em
ouro em brasa
encandecendo nossos corpos
e reluzindo no infinito
daquela noite fria.

E naquela noite
(quase dia)
ao me afastar de
você, me desfiz
do meu carro,
pelo caminho
deixei meus
sapatos,
e minhas
meias.

Precisei sentir o
asfalto quente
sob meus pés,
para me convencer
que eles me levavam
embora
porque eu queria.

E eles me
trouxeram
para longe
dos
teus olhos,
mas até agora

não me
levaram
a lugar
algum...

Paquera contemporânea:

Você pede minha amizade
no Facebook,
eu passo a te seguir no "insta",
você faz o mesmo em seguida.

Um dia, sem querer,
nos encontramos no parque,
você de bicicleta, eu a pé.
Nos cumprimentamos
com um breve aceno
de cabeças.

Você pedala para um lado, e
eu caminho para o outro.

FIM

"Teus cabelos pretos,
explícitos objetos,
castanhos lábios..." .

Esses versos
do Caetano,
que não
são para mim,
e são tão
meus.

Como você,
essa sombra,
essa cisma...

Hoje: nosso amor
transformado na voz
da atendente eletrônica da Vivo
a me dizer que o seu boleto
de julho está atrasado.

Sobre nós:

A melhor parte
de entrar na água
é sair dela,

é deitar na pedra quente
e sentir cada gota descendo
lentamente do meu corpo,

Eu voltando
às profundezas do solo
assim,
a ser eu,
sem água,
sem gota,
sem
nada.

Nesses dias
sinto
sob meus pés
o roçar das placas
tectônicas
que no profundo
trabalham
em silêncio
criando fendas,
sulcos,
fissuras
entre continentes,
bairros,
quarteirões,
e entre
seus passos
e os meus.

Desde sempre meu corpo
existiu no mundo
porque seu corpo
existia também.

Hoje, meu corpo,
bola de fogo a vagar
na desconhecida
galáxia do meu
próprio eu.

Depois que quebrei
a falange distal
do dedo médio
tenho que
fazer exercícios
que doem
terrivelmente,

(eu não conseguia
me impor esta dor,
então pedia a você)

agora, sem você,
não há mais
exercícios.

No nosso amor
de terra arrasada,
meu corpo
sente falta da dor
que só você
consegue
impingir
a ele.

Separação contemporânea:
te bloquear no Facebook,
te bloquear no Whatsapp,
te excluir dos contatos
do meu celular,

te excluir dos meus contatos
de e-mail,
riscar teus números
das minha agendas
antigas

e ainda assim
te ter em meus
pensamentos
a todo instante,
e tudo continuar
doendo
da mesma maneira
que sempre doeu.

Nossa separação não é apenas
dor e tristeza,
há também toda a poesia
que acabei de entrever
na última fatura da Vivo
que chegou no nosso
endereço com teu nome
escrito, com todas as letras,
na parte de cima
do envelope.

Quando você senta
no nosso sofá vermelho
e cospe palavras
de fogo,

eu não escuto tuas palavras,
eu escuto teus olhos,
que somem dentro das próprias
órbitas e flutuam nesse marrom
esverdeado

e me miram,
com um amor desesperado,
com convites de fuga,
com memórias de outros tempos.

Enquanto sua boca
lança projéteis encarnados
eu escuto tuas mãos,
que se entrelaçam nervosamente
como quem tenta dançar uma música
que é só para se ouvir.

Eu te escuto, meu amor,
mas escuto aquilo que

em silêncio teu corpo,
me fala, apenas ele,
porque de mim
ele sabe
muito mais do que você.

Um rio é sempre o mesmo
(desculpa aí, Heráclito),
são as águas dele que vão se modificando.
O rio tá lá, na dele. Igual.

Aí depois de quase se afogar nele,
de ficar com frio nas suas águas,
de se perder nele, um dia a gente
chega na beiradinha, dá uma olhada e pensa:
– Não, melhor, não...

A água é outra, mas o rio é o mesmo.
Fica aí, rio.
E vamos por outro caminho.

O amor é assim. Dizem que ele se transforma com o tempo.
Mas ele não se transforma, não.
Ele é como o rio, continua lá, brilhando, a postos. Igual.
Intacto.

Aí depois de quase se afogar nele, de ficar com frio nas
suas águas, de se perder nele, um dia a gente chega na
beiradinha, dá uma olhada e pensa:
– Não, melhor, não...

Eu sou outra,
mas o amor é o mesmo.
Fica aí, amor.
E vamos por outro caminho.

Amor – amor mesmo – é para sempre,
mesmo quando não é.

III

E só ontem olhando para o lugar que fica
atrás dos teus joelhos é que enxerguei
sua cicatriz,

só ontem percebi que tua perna
direita é mais fina na parte debaixo
do que a esquerda.

Só ontem me dei conta que quando
cortaram tua perna e abriram seu joelho,
deve mesmo ter doído muito.

Só ontem pude te ver voltando a ser um menino
pequeno, sofrendo sozinho em teu quarto escuro.
E só ontem percebi quantas cicatrizes que moram
em você eu ainda não conheço.

Mas foi ontem também que peguei na tua mão,
olhei dentro dos teus olhos castanhos e te disse:

– Eu não posso prometer que deixaremos de colecionar
cicatrizes, mas te garanto, meu amor, agora somos dois,
contra todas as noites escuras.

79

Amor não tem nada de etéreo,
é concreto, acontece na pele,
no corpo, no aqui e no agora.

Ele se dá na marca da tua mão
na minha perna, no embaraçado
do meu cabelo na manhã seguinte,
nos restos da nossa noite
cintilando em mim

como as estrelas brilhando no céu
sideradas pelo espaço infinito,
mesmo bilhões de anos depois
de terem sido extintas.

No domingo eu podia,
você não podia.
Na segunda você podia,
eu não podia.

Na terça nenhum dos
dois podia.

Na quarta você podia,
eu também podia,
mas disse que não.

Na quinta nenhum de nós
podia, mas demos
um jeito e pudemos.

E em meio à noite
chuvosa e fria
um sol nasceu
entre nossos
braços.

Ontem enquanto
me afastava de ti
na rua deserta
senti teus olhos
negros
(fogo em brasa)
na minha nuca,

e então percebi
que nascia
a primeira estrela
no céu
da nossa
madrugada.

O mundo que eu habito
não toca o seu,
(por onde seus pés
passaram eu nunca fui),

mas essa centena de dias
me mostraram que o que importa
está naquele átimo de segundo,
suspenso no ar,

em que nossos olhos
fogem um para dentro do outro
e é ali, nesse não lugar,
nesse fora de tudo,

que nossa comunicação se dá,
é no instante fugidio,
onde as palavras não moram
que a gente se entende,
e como se entende,
meu amor...

Poeminha safado,
(Para você).

Se existisse um aeroporto,
mesmo fora da cidade,
longe, longe
e você estivesse
voltando de viagem:
da Tailândia, da Bahia
ou de Santos mesmo,
eu te pegaria,
mesmo tarde da noite,
mesmo na madrugada,

e te ajudaria a pôr as malas
no porta-malas
só para poder te trazer direto
para a minha casa,
(para a minha cama).

Eu escuto o que você me diz
suas palavras claras, duras,
sua razão inflexível
todos os seus nãos,
suas indisponibilidades,
suas dores, seu momento.

Mas, meu amor,
escuto mais tuas mãos
fortes a me dizerem sim
e me apartarem até sufocar,

e seus olhos cheios de mar
a me prometerem
tudo o que você me nega.

Sigo seus olhos, suas mãos,
fecho os ouvidos, (cega)
e me perco desavisada que sou
nesse nosso tanto, tanto, querer.

E assistindo filme com meu filho,
na hora em que o mocinho
e a mocinha se beijam
ele saiu correndo, gritando:
– "Que nojo, porque sempre tem que
ter beijo nos filmes!"

E eu rindo, me lembrei de você,
e lembrei que a gente já riu junto,
você já me viu chorar por causa de outro,
já comeu o bolinho de chuva da minha avó,
já bebemos e vimos o dia amanhecer juntos,
já trabalhamos e pensamos juntos,
já te levei remédio quando você precisou,

e aí antes de dizer para o meu filho que não,
nem todos os filmes precisam ter beijo,
pensei que eu e você, sim,
bem que merecemos esse tal de beijo
ao final de tudo.

Hoje fiz gelatina de morango
para o meu filho
e de repente me lembrei
de uma aula de química
na qual o professor
contou que gelatina é
um coloide.

E percebi que se eu ainda
me lembro da aula de química
do Nelsão, do segundo colegial,
como posso querer esquecer
logo de você...

Não importa
se você
realmente
escreve
para mim

Se eu acredito
que escreve,
então
você
escreve...

A maior parte das pessoas
vem ao mundo com um número
x de órgãos: pulmão, coração, cérebro...
eu vim com um a mais:
centro propagador de sensações ruins.

Mas quando estou ao teu lado ele
para, de funcionar e eu te olho, te olho...
os minutos se prolongam
e respiro aliviada:
– Tem alguém como eu no universo.

Logo a máquina do mundo gira outra vez
e retoma todo o barulho que te rodeia...
Mas esses momentos valem a vida, Oh, se valem....

Não tenho paciência
para quebra-cabeças:
um exercício
de reconstrução
sem porquê.

Aí me pego tentando
encaixar
suas palavras
nas minhas.

Então recorto-as
uma a uma,
coloco-as encravadas,
sobrepostas,
umas forçando
o sentido das outras.

Lembro da super bonder
na geladeira.
Passo uma camada
em cima do emaranhado
de palavras nossas.

A cola puxa meus dedos,
rasga minha pele,
eu sangro.
E então emolduro nossa
polifonia particular e penduro
no meu quarto.

E agora, meu bem,
acordo todos os dias
com suas palavras
incrustadas nas minhas,
em cima
da minha
cabeça,
do meu
corpo,
da minha
cama.

E então saio à caça
das tuas palavras;
enigmáticas, sedutoras,
fulminantes.

Mas elas são treinadas
e escorrem entre os vãos
do sofá, entram embaixo
dos tacos de madeira,
se esgueiram, lânguidas,
madrugada adentro.

Eu persisto
e as apanho
nos momentos de
distração e cansaço.

E as aninho junto a mim,
curativos fugidios
para a impossibilidade
de ter entre
meus braços.

O louco de escrever para você
é que voltei a escrever.
Mesmo que não seja para você,
vai ser para você.

Pois não escrevia há muito tempo.
E agora não saio mais de casa,
nem tiro o pijama.

Fecho as persianas, calo a boca do sol,
e escrevo. Compulsivamente:
Você, você, você.

Não é para você.
Não tem nada a ver com você.
Mas vai ser para você.
Para sempre

Saber a hora de parar,
de descer do palco,
de sair de cena.

Acho bonito,
digno até,
mas não sei
fazer isso,
meu bem.

Só continuo:
pensando em você,
pensando em você,

fazendo planos insanos,
desenhando táticas
Kamikases
de aproximações
suicidas.

Nunca aprendi
a fechar as cortinas
nunca esperei
os aplausos.

Não sou atriz,
personagem,
nem escrevo
em terceira
pessoa.

Sou só eu mesma:
esse acúmulo
de acidentes...

Eu acho bela
a névoa da
estrada,

mas queria
ela menos
espessa
entre nós,

pois nos dias
em que
a vida dói
(como hoje),
seus braços
valeriam mais
do que a sua
poesia.

E tem todas essas músicas
em inglês que você gosta
no filme que vejo agora.

E todas essas palavras em
português que não consigo
te dizer.

Toda essa dor para
compartilhar contigo.
Essa estrada de pedras
amarelas
da qual não conheço
o caminho.

O gelo derretendo no copo,
o latido do cachorro ecoando
pela madrugada como
um mantra desconhecido.

E essa minha insônia
repleta de você
por todos os lados.

E nesse domingo chuvoso
eu me permito ver
uma série tola norte-americana
de pijama o dia todo.

E deixo meu filho ver tv até a cabeça
dele explodir.
E faço macarrão com molho pronto,
e comemos sorvete no pote.

E enfio os boletos não pagos
na gaveta.

E percebo que o dia vai passar,
a segunda vai chegar,
as contas vão vencer.

E que nada
depende
das minhas palavras,
do meu esforço,
da minha fé,
nem você.

E eu e meu filho jogamos baralho
minha gata se mete no meio,
nós rimos e percebo que
passei o dia todo
sem ter medo que você
morra antes de ser meu.

E depois percebo que isso
também não
depende de mim:
te ter, não te ter,
sua morte,
a política nefasta que domina
o mundo, as desigualdades.

Me reconforto pensando
que o mundo uma hora
vai acabar, que todos vamos
morrer.

Mas hoje, não
Não hoje.

Então faço um chá e leio um
livro, meu filho brinca com as gatas
ao meu lado e a chuva continua a cair
lá fora... .

E tá tudo bem,
por enquanto.
E isso por hora
já me basta...

Começar o ano fazendo
o que não se deve:
tomando o sol do meio-dia,
que me queima a pele,
sem filtro.

Depois entrar na água
gelada.

O corpo meio dentro,
meio fora da água,
meio quente,
meio frio.

O alento do chuveiro
não vem:
a água quente quando ligada,
fria quando desligada.

E, enfim, o alívio de saber
que só o que preciso
é de uma roupa quente
e seca.

(E de você, claro,
mas isso, meu bem,
eu sei que você já
sabe).

Te ver pelo vão da escada,
entre a bruma feroz da madrugada.
Um vacilo de segundos,
e teus olhos refletem
os meus.

Todo o barulho
que te cerca,
cede
para que sejamos
embate.

Breves instantes
que valem a noite,
todas as horas
do dia,

e recompõem
a eterna promessa
do nosso encontro
marcado.

Sigo pensando
em você,
nesse sábado
ensolarado,
meu bem.

Porque,
ao contrário
do que se diz
podemos sim,
escolher os nossos
próprios erros...

Ter saudade
de algo
que não se viveu
com alguém
é um clichê.

Não gosto de clichê,
(nem de rima),
mas gosto de você,
fazer o quê?

Que venha
a rima,
e o clichê,
desde que
venham
com você.

IV

Status:
Tomando vinho
e tendo um dia
a menos na vida
a cada dia
que passa...

Palavra,
essa faca
afiada
que dia sim,
dia não,

você
encrava
no meu
coração.

Por vezes o amor
fica bem melhor
na poesia
do que no nosso
suado dia a dia.

No depois:
nós dois...

820 dias sem você.
(E sigo esquecendo
que os dias contados
são aqueles que não
passam).

Gostar de você
me deixa
sem palavras.
(Não há poesia
na impossibilidade).

Ontem quando
te liguei
de madrugada
nem queria falar
nada,

queria,
(isso sim),
teu corpo
colado
em mim.

Não temos nada
em comum,
e com esse nada
fazemos
um mundo todo
(nosso).

Sobre os últimos dias
(pelas madrugadas).
Eu e você: um susto
na noite da minha vida.
Eu e você: uma poesia
ainda a ser escrita.

O final do nosso amor
me faz habitar
uma aurora,
na qual a luz
não se diferencia
da escuridão.
E nesse chiaroscuro
me despeço
de uma parte de mim
feita inteira
de você.

Terceira separação
da vida e tinha
me esquecido
que a pior parte
é essa
na qual
sou eu
que não
te quero
mais.

Para esquecer o
mundo caindo
lá fora
e aqui dentro:
cantar Roberto Carlos
a plenos pulmões
e perder todo o medo
do ridículo
(junto com
o medo de viver
sem você).

Teu corpo:
uma roupa
que já não
cabe mais,
e que eu
insisto
em vestir.

Não há amor
sem acaso.

Aplicativos
de relacionamentos,
os não-lugares
que transformam
pessoas em
band-aids.

Separação:

chorar na frente da gôndola
do supermercado
ao ver o pacote de biscoito
Piraquê água e
gergelim,
o seu preferido.

Poeminha rimado
(porque aqui está nublado)
Sempre se quer
o que não se tem,
seja você,
seja o sol de Belém.

Não sei começar
nem terminar
relacionamentos.

Todos os meus amores
deveriam começar
e terminar pelo meio.

Aviso:

A Intimidade é como um tobogã:
não há ponto de retorno.

Auto-lembrete:

Deixar de me apaixonar por histórias
e
passar a me apaixonar por pessoas.

Paradoxosinho:

Me molhar indo comprar
um guarda chuva
para não me molhar.

O paradoxo do recomeço:

Ter que voltar a um lugar
que não existe mais.

O paradoxo de esquecer você:

Tenho lembrado de você
apenas quando lembro
que não tenho
lembrado de você.

Pequeno conto sobre o meu ciúme:

Uma vez tive um caso
com um cara
que havia namorado
outra Paula,
e toda vez que
ele me chamava
eu sentia ciúme
do meu próprio nome.

FIM

Breve conto sobre ser mulher
e ter 45 anos no século XXI:

Dermatologista:

Você não pode tomar sol.
Você tem muitas pintas.
Elas são reflexo do tanto
de sol que tomou na vida.
É um perigo tomar mais.

Ginecologista:

Seu nível de vitamina D
está muito baixo.
Precisa tomar sol sem protetor
pelo menos meia hora por dia,
todo dia... .

(Já o sol, ele mesmo, continua
brilhando lá em cima, como sempre...).

FIM

Solidão:

Eu a pagar
drenagens
linfáticas,
para que mãos
deslizem
sobre mim...

Solidão II:

Reparar que o colete
de chumbo
que a dentista
coloca sobre meu torso
para fazer a radiografia,

é pesado
como um corpo,
e ficar com uma
espécie de tristeza
quando ela o retira
de cima de mim.

Por aqui só há
mesmo uma
certeza:
o amor mora
é na urgência.

Quando te deixei
partir não tinha
a menor ideia de
que teria que seguir
fazendo isso
por todos os dias
do resto da minha vida.

O amor: essa fita VHS
sem rebobinar, perdida
entre meu pericárdio
e meu coração,
essas novas mídias,
nas quais ela não cabe.

Amor não
se constrói,
se vive.

(Ou não...).

Eu escrevi um monte
de palavras difíceis
e coloquei uma
do lado da outra,
para fazer um
Intrincado poema.

Mas apaguei tudo
quando percebi que
Queria mesmo era
dizer uma só:
–Saudade...

E às 17:17 de uma quarta-feira
chuvosa, o whatsapp me conta que
estamos on line ao mesmo tempo.

Meu coração dá um salto
toco a tela fria do celular,
e de algum modo doido,
pareço te alcançar por um
átimo de segundo.

Então aparece a frase:
– Visto por último
hoje às 17:18.

Meu coração se comprime
e sem nenhum porque
me sinto ainda mais só...

Sessão:

– Deixar ir.
– Isso. Deixar ir...

(Hoje ficamos por aqui...).

Esta obra foi composta em Minion Pro
e impressa em papel pólen 90 g/m² para a
Editora Reformatório, em abril de 2022.